Alte Elsässer Küche

area

Alte Elsässer Küche

Autor: Klaus Teuber für NOVA Libra medien, Köln
Einbandgestaltung: Derek Gotzen für NOVA Libra medien, Köln
Layout & Satz: Derek Gotzen und Ulrike Jasser für NOVA Libra medien, Köln

Druck und Bindung: Reálszisztéma, Dabas

Printed in Hungary 2006

ISBN 3-89996-828-X

www.area-verlag.de

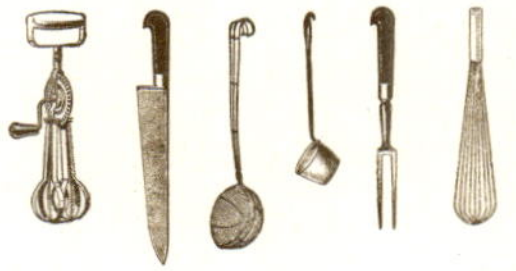

Inhalt

Einleitung

Das Elsass erstreckt sich zwischen Pfälzer Wald und dem Schweizer Jura über die südwestliche Rheinebene bis hin zum Kamm der Vogesen. In der klimatisch begünstigten Rheinebene werden Weizen, Tabak, Hopfen und Obst angebaut. Im Hügelland, im Schutz der Vogesen, gedeihen besonders gut aromatische Weißweine. Häufig verbreitet sind Rebsorten wie Riesling, Gewürztraminer oder Muscat und Tokay Pinot Gris. Wo Wein angebaut wird, wird auch Wein getrunken. In den romantischen Winstuben (Weinstuben) findet der Gast Geborgenheit und eine Fülle regionaler Spezialitäten. Allein eine Portion Munsterkäse mit einem Glas Gewürztraminer können den verwöhntesten Feinschmecker schnell von der Qualität der regionalen Produkte überzeugen. Eine Säule der elsässischen Küche ist die »Choucroute«, eine mit Sauerkraut sowie verschiedenen Fleisch- und Wurstsorten üppig belegte Platte, die auch den größten Appetit stillt. Hierzu schmeckt ein Glas frisches Bier, das neben Wein als Getränk eine wichtige Rolle spielt. Schutzenberger, die älteste Brauerei des Elsass, die 1740 in der Nähe von Straßburg gegründet wurde, stellt aufgrund der hier vorhandenen guten Wasserqualität bis heute ein besonders schmackhaftes Bier her. Aber nicht nur Deftiges hat die Elsässer Küche zu bieten, zeugen doch die vielen besternten Restaurants in dieser Region von der hochkarätigen Kunst der Elsässer Köche. Feine Wild- und Fischgerichte wie gefüllter Fasan und Lachs in Riesling sowie süße Desserts wie Tarte Tatin oder Sahne-Bratäpfel dürfen darum in diesem Kochbuch nicht fehlen. Das vorliegende Kochbuch beinhaltet eine Auswahl der bekanntesten und typischsten Gerichte des Elsass. Lernen Sie die elsässische Küche kennen und haben Sie viel Freude beim Nachkochen und Genießen.

Vorspeisen & Zwischengerichte

Elsässer Flammkuchen

Für 8 Personen
Zubereitungszeit: 30 Minuten (ohne Wartezeit)
Backzeit: 20 Minuten

Einkaufsliste/Zutaten

Für den Teig

30 g Hefe
750 g Mehl
Salz

Für den Belag

2 Zwiebeln
100 g geräucherter Speck
100 g Quark
100 ml Crème fraîche
2 Tl Mehl
1 El Öl
Salz

Garnierung

4 El Schnittlauchröllchen

Vorküche

Die Hefe in eine Schüssel bröseln und mit 2 El lauwarmen Wasser und 50 g Mehl verrühren. Den Vorteig mit einem sauberen Küchentuch abdecken und an einem warmen Ort 1 Stunde gehen lassen.

Zubereitung

Das restliche Mehl in eine Schüssel sieben, in die Mitte eine Mulde drücken und den Vorteig und eine Prise Salz zugeben. Das Mehl sorgfältig unterarbeiten, nach und nach 500 ml Wasser zugeben und mindestens 15 Minuten kräftig kneten. Den Teig zu einer Kugel formen und etwa 1 Stunde aufgehen lassen. In der Zwischenzeit die Zwiebeln schälen, hacken und den Speck in Würfel schneiden. Den Quark mit der Crème fraîche, dem Mehl und dem Öl gut verrühren und mit Salz abschmecken. Den Teig auf einer bemehlten Arbeitsfläche dünn ausrollen und zwei Kuchenbleche damit auslegen. Die Quarkmischung darauf gleichmäßig verteilen und mit den Zwiebeln und Speckwürfeln bestreuen. Den so vorbereiteten Flammkuchen in den auf 200 °C vorgeheizten Backofen geben und 20 Minuten backen.

Servieren

Nach Ende der Backzeit den Flammkuchen aus dem Backofen nehmen, in Portionen teilen, mit den Schnittlauchröllchen garnieren und noch heiß zu Tisch bringen.

Merkzettel

Flammkuchen ist eine Elsässer Spezialität und wird besonders gerne zu einer gemütlichen Weinrunde gereicht.

Quiche Lorraine

Für 4 Personen
Zubereitungszeit: 30 Minuten (ohne Wartezeit)
Koch- & Backzeit: 35 Minuten

Einkaufsliste/Zutaten

Für den Teig

150 g Weizenmehl
Salz
1 Ei
75 g Butter

Für den Belag

200 g magerer Räucherspeck
2 Eier
125 ml Crème fraîche
Muskatnuss
Schwarzer Pfeffer aus der Mühle
Salz

Garnierung

1 Bund gehackter Schnittlauch

Vorküche

Das Mehl in eine Schüssel sieben und in die Mitte eine Mulde drücken. 1 Prise Salz, 1 Ei und die Butter in kleinen Flöckchen dazugeben. Alle Zutaten miteinander mischen, verkneten und zu einer Kugel formen, flach drücken und erneut zu einer Kugel formen. Den Teig in Frischhaltefolie wickeln und im Kühlschrank 2 Stunden ruhen lassen.

Zubereitung

Den Teig etwa 3 cm dünn ausrollen. Eine Torten- oder Quicheform ausbuttern und mit dem Teig auslegen. Den Teig mit einer Gabel mehrmals einstechen und überstehende Ränder abschneiden. Den Speck von der Schwarte befreien, in feine Würfel schneiden und in einer Pfanne leicht anbräunen. Die restlichen Eier zugeben, die Crème fraîche unterziehen und mit Muskatnuss und Pfeffer kräftig würzen. Wenig salzen, da der Speck bereits reichlich Salz enthält. Die Speckmasse auf den Teig verteilen und die Quiche in dem auf 220 °C vorgeheizten Backofen etwa 25 Minuten backen.

Servieren

Die Quiche aus dem Ofen nehmen, etwas abkühlen lassen, in Portionsstücke teilen und auf vorgewärmte Teller geben. Mit dem gehackten Schnittlauch bestreuen und sofort zu Tisch bringen.

Merkzettel

Schnittlauch kann nur roh verzehrt werden. Gebraten oder gedünstet verliert er sein feines Aroma.

Gefüllte Tomaten

Für 4 Personen
Zubereitungszeit: 30 Minuten (ohne Wartezeit)

Einkaufsliste/Zutaten

4 mittelgroße Tomaten
Salz
200 g Champignons
Saft von 1 Zitrone
¼ Munsterkäse
1 El Weinessig
1½ El Öl
Weißer Pfeffer aus der Mühle
1 El gehackte Petersilie

Garnierung

1 El gehackte Petersilie

Vorküche

Die Tomaten gründlich waschen, aushöhlen, das Innere leicht salzen, umdrehen und austropfen lassen.

Zubereitung

Die Champignons putzen, in Scheiben schneiden, mit Zitronensaft beträufeln und salzen. Etwa 1 Stunde ziehen lassen und den Saft abgießen. Den Munster in kleine Würfel schneiden und mit den Champignons mischen. Essig, Öl, Pfeffer und gehackte Petersilie zugeben und die ausgehöhlten Tomaten mit der Mischung füllen.

Servieren

Vor dem Servieren die Tomaten im Kühlschrank etwa 1 Stunde durchkühlen lassen, auf Tellern anrichten und mit etwas gehackter Petersilie garnieren. Als Beilage schmeckt eine Scheibe frisch geröstetes Baguette.

Merkzettel

Tomaten sollte man nicht im Kühlschrank lagern, da sie kälteempfindlich sind.

Spargelpastete

Für 4 Personen
Zubereitungszeit: 40 Minuten
Koch- & Backzeit: 30 Minuten

Einkaufsliste/Zutaten

1¼ kg Spargel
Salz
500 g Blätterteig
30 g Butter
30 g Mehl
250 ml heiße Milch
Weißer Pfeffer aus der Mühle
Muskatnuss
100 g Crème fraîche
2 Eier
3 Scheiben gewürfelter gekochter Schinken
1 Eigelb zum Bestreichen

Garnierung

Spargelköpfe

Vorküche

Den Spargel schälen und in kochendem Salzwasser etwa 20 Minuten garen, abtropfen lassen und in Stücke schneiden. Einige Spargelköpfe als Garnierung beiseite legen.

Zubereitung

⅓ des Blätterteigs ausrollen und eine Kuchenform damit auslegen, den Boden mehrmals mit einer Gabel einstechen. In den auf 200 °C vorgeheizten Backofen geben und 10 Minuten backen. Die Butter in einem Topf zerlassen, das Mehl zugeben, die heiße Milch einrühren, salzen, pfeffern und mit Muskatnuss würzen. 10 Minuten köcheln lassen und von Zeit zu Zeit umrühren, damit sich keine Klümpchen bilden. Von der Kochstelle nehmen, die Spargelstücke, die Crème fraîche und die geschlagenen Eier in die Soße geben. Diese Masse auf den Teigboden geben und mit den Schinkenwürfeln bestreuen. Den restlichen Teig ausrollen, die Pastete damit abdecken und die Ränder fest zusammendrücken, nachdem sie vorher mit einem etwas angefeuchteten Pinsel bestrichen wurden. Die Oberfläche mit Eigelb bestreichen und im auf 200 °C vorgeheizten Backofen 30 Minuten backen.

Servieren

Nach Ende der Garzeit die Spargelpastete aus dem Backofen nehmen und auskühlen lassen. Die Pastete in Scheiben schneiden, auf Tellern anrichten und mit einigen Spargelköpfen garnieren.

Merkzettel

Erntefrischen Spargel erkennt man an den noch feuchten Schnittstellen.

Zwiebelkuchen

Für 4 Personen
Zubereitungszeit: 40 Minuten (ohne Wartezeit)
Brat- & Backzeit: ca. 1 Stunde

Einkaufsliste/Zutaten

500 g Mehl
30 g Hefe
1 Tl Zucker
125 ml Milch
6 Eier
Salz
100 g weiche Butter
2 kg Zwiebeln
50 g Schweineschmalz
250 ml saure Sahne
60 g Mehl
1 Prise Kümmel
150 g Schinkenspeck

Garnierung

1 El gehackte Petersilie

Vorküche

Das Mehl in eine Schüssel sieben und in die Mitte eine Vertiefung drücken. Die Hefe hineinbröckeln, mit Zucker bestreuen und mit etwas lauwarmer Milch in der Mulde zu einem Vorteig verrühren. Den Vorteig mit einem sauberen Küchentuch abdecken und an einem warmen Ort 30–40 Minuten gehen lassen. 2 Eier, Salz und die weiche Butter unterarbeiten und alles zu einem glatten Teig verkneten. Den Teig nochmals 30–40 Minuten gehen lassen.

Zubereitung

Den Teig ausrollen und ein eingefettetes Backblech so damit auslegen, dass rundum ein kleiner Rand entsteht. Die Zwiebeln schälen, in Scheiben schneiden und im Schweineschmalz weich dünsten, aber keineswegs braun werden lassen. Die Sahne, die restlichen Eier, das Mehl, etwas Salz und den Kümmel gründlich miteinander verrühren. Den Speck in Würfel schneiden, anbraten und alles mit den Zwiebeln vermischen. Die Masse auf dem Teig verteilen und in dem auf 220 °C vorgeheizten Backofen etwa 1 Stunde backen.

Servieren

Nach Ende der Garzeit den Zwiebelkuchen aus dem Backofen nehmen, mit der gehackten Petersilie bestreuen, in Portionsstücke schneiden und noch warm servieren. Als Getränk passt ein frischer junger Weißwein.

Merkzettel

Beim Zwiebelschneiden sollten Sie ein besonders scharfes Messer benutzen. Es tritt so weniger Saft aus, und Sie müssen weniger weinen.

Gefüllte Champignons

Für 4 Personen
Zubereitungszeit: 25 Minuten
Koch- & Backzeit: 10 Minuten

Einkaufsliste/Zutaten

20 möglichst gleich große Champignons
1 Bund glatte Petersilie
1 Schalotte
2 Knoblauchzehen
2 Scheiben gekochter Schinken
30 g Butter
100 g geriebener Käse
4 El Schmand (20 %)
Salz
Schwarzer Pfeffer aus der Mühle
Muskatnuss

Garnierung

1 El gehackte Petersilie

Vorküche

Die Champignons putzen, die Stiele abbrechen und zusammen mit der Petersilie, der geschälten Schalotte, den geschälten Knoblauchzehen und dem gekochten Schinken fein hacken.

Zubereitung

Die Hälfte der Butter in einer Pfanne erhitzen, darin die gehackten Zutaten ohne Deckel 5 Minuten andünsten und auskühlen lassen. 3 El geriebenen Käse und den Schmand unter die Pilzmasse ziehen und gut vermischen. Herzhaft mit Salz, Pfeffer und Muskatnuss abschmecken. Mit einem Teelöffel die Masse in die Pilzköpfe füllen. Eine Auflaufform mit der übrigen Butter gut ausfetten und die Pilzköpfe in die Form setzen. Mit dem restlichen Käse bestreuen und in dem auf 200 °C vorgeheizten Backofen 10 Minuten überbacken.

Servieren

Die Pilze auf vorgewärmten Tellern anrichten, mit der gehackten Petersilie bestreuen und mit einer Scheibe Baguette und einem Glas Edelzwicker servieren.

Merkzettel

Schalotten haben einen feineren Geschmack als die üblichen Zwiebeln.

Fleischpastete

Für 4–6 Personen
Zubereitungszeit: 30 Minuten (ohne Wartezeit)
Backzeit: 1 Stunde

Einkaufsliste/Zutaten

Für den Teig
250 g Mehl
100 g Schweineschmalz
Salz

Für die Füllung
250 g Lammfleisch
100 g Rindfleisch
100 g Schweinefleisch
2 Zwiebeln
4 El Kapern
3 getrocknete Pflaumen
1 Ei
Salz
Weißer Pfeffer aus der Mühle
1 Msp. Cayennepfeffer
1 Eigelb

Garnierung
8 Cornichons

Vorküche

Das Mehl auf die Arbeitsplatte sieben. In die Mitte eine Mulde drücken und die übrigen Zutaten für den Teig dazugeben. Mit den Händen schnell einen Teig kneten, der nicht zu weich ist. Zu einer Kugel formen und in Klarsichtfolie im Kühlschrank 2 Stunden ruhen lassen. In der Zwischenzeit das Fleisch waschen, trockentupfen, von allen Sehnen und Häuten befreien und in Würfel schneiden. Das Fleisch mit den geputzten und gehackten Zwiebeln, den Kapern und den gehackten Pflaumen in einen Mixer geben und fein pürieren. Das Ei und die Gewürze zugeben und nochmals kurz aufmixen.

Zubereitung

Den Teig ausrollen, mit ⅔ des Teigs eine gebutterte Pastetenform damit auslegen und mit einer Gabel mehrmals einstechen. Die Fleischmasse darauf verteilen, glatt streichen und mit dem restlichen Teig abdecken. Die Ränder gut zusammendrücken und mit einer Gabel mehrmals einstechen. Das Eigelb verrühren und damit die Pastete einpinseln. Den Backofen auf 220 °C vorheizen und die Pastete darin 1 Stunde backen. Nach Ende der Garzeit den Backofen ausschalten und die Pastete noch 30–40 Minuten ruhen lassen.

Servieren

Die Pastete aus dem Backofen nehmen und auskühlen lassen. Je eine Scheibe Pastete auf einen Teller geben und mit einigen Cornichons garnieren. Als Beilage schmecken ein frisches Baguette und ein Glas Riesling.

Merkzettel

Die besten Kapern werden in Südfrankreich angebaut.
Die kleinen Früchte besitzen den besten Geschmack.

Geflügelleber-Mousse

Für 4 Personen
Zubereitungszeit: 20 Minuten (ohne Wartezeit)
Kochzeit: 5 Minuten

Einkaufsliste/Zutaten

250 g Geflügelleber
250 ml Edelzwicker
100 g Butter
1 El Marsala
Salz
Weißer Pfeffer aus der Mühle
100 g Crème fraîche
4 in Fächer geschnittene Gewürzgurken

Vorküche

Die Lebern waschen, trockentupfen und von allen Häuten und Sehnen befreien. Den Edelzwicker in einem kleinen Topf zum Kochen bringen und die Lebern darin bei niedriger Hitze etwa 3 Minuten köcheln lassen.

Zubereitung

Nach Ende der Garzeit die Lebern mit einem Schaumlöffel aus dem Wein nehmen und gründlich abtropfen lassen. Anschließend in einer Küchenmaschine möglichst fein zerkleinern und nach und nach die Butter und den Marsala zugeben. Mit Salz und Pfeffer würzen und die Crème fraîche unterarbeiten. Die Mousse in eine Terrine geben und gut festdrücken. In den Kühlschrank geben und 2–3 Stunden erkalten lassen.

Servieren

Je eine Scheibe der Mousse auf einem Teller anrichten, mit der in Fächer geschnittenen Gewürzgurke garnieren und mit geröstetem Weißbrot oder Toast servieren.

Merkzettel

Crème fraîche ist ein Sauermilchprodukt, das aus pasteurisierter Milch oder Sahne besteht.

Suppen

Zwiebelsuppe

Für 4 Personen
Zubereitungszeit: 20 Minuten
Koch- & Backzeit: 40 Minuten

Einkaufsliste/Zutaten

250 g Zwiebeln
50 g Butter
2 El Mehl
Schwarzer Pfeffer aus der Mühle
1½ l Rinderbrühe
100 ml trockener Weißwein
Salz
8 Scheiben Baguette
100 g geriebener Gruyère

Garnierung

1 Bund gehackter Schnittlauch

Vorküche

Die Zwiebeln schälen und in dünne Scheiben schneiden. Die Butter in einem Topf erhitzen und die Zwiebeln darin glasig dünsten.

Zubereitung

Die Zwiebeln mit Mehl bestäuben und unter Rühren leicht anbräunen. Mit Pfeffer würzen und nach und nach die Brühe und den Wein angießen. Mit Salz abschmecken und etwa 30 Minuten köcheln lassen. In der Zwischenzeit die Baguettescheiben toasten. Die Suppe in 4 feuerfeste Suppentassen füllen und jeweils 2 Scheiben Baguette auflegen. Den Käse aufstreuen und im Backofen 10 Minuten gratinieren lassen.

Servieren

Die Zwiebelsuppe in den Suppentassen zu Tisch bringen und mit dem gehackten Schnittlauch garnieren.

Merkzettel

Zum Zwiebelschneiden ist ein Gurkenhobel hilfreich. So erhalten Sie besonders gleichmäßige Scheiben.

Spinatsuppe

Für 4 Personen
Zubereitungszeit: 25 Minuten
Kochzeit: 35 Minuten

Einkaufsliste/Zutaten

500 g Spinat
50 g Butter
1 gehackte Zwiebel
40 g Mehl
500 ml Milch
500 ml Gemüsebrühe
Salz
Weißer Pfeffer aus der Mühle
100 g Crème fraîche

Garnierung

4 El geröstete Brotwürfel

Vorküche

Den Spinat waschen, verlesen und gut abtropfen lassen. Etwas Butter erhitzen, die gehackte Zwiebel darin anschwitzen, den Spinat zugeben und dünsten.

Zubereitung

Aus der restlichen Butter und dem Mehl eine Mehlschwitze zubereiten, mit der Milch verrühren, 5 Minuten köcheln und den Spinat darunter geben. Die Gemüsebrühe dazugießen und so viel Wasser zugeben, bis die Suppe eine sämige Konsistenz hat. Mit Salz und Pfeffer abschmecken und bei niedriger Hitze weitere 30 Minuten köcheln. Nach Ende der Garzeit die Suppe durch eine Gemüsemühle drehen.

Servieren

Die Crème fraîche in eine vorgewärmte Suppenterrine geben und die heiße Suppe darüber gießen, mit den gerösteten Brotwürfeln garnieren und sofort servieren.

Merkzettel

Gekochter Spinat darf nicht aufgewärmt werden, weil dadurch gesundheitsschädigende Inhaltsstoffe frei werden.

Kartoffelsuppe mit Croûtons

Für 4 Personen
Zubereitungszeit: 25 Minuten
Kochzeit: 30 Minuten

Einkaufsliste/Zutaten

1,5 kg Kartoffeln
1 Stange Lauch
1 Möhre
½ Sellerieknolle
4 geräucherte Mettwürste
2 l Fleischbrühe
125 ml süße Sahne
Salz
Weißer Pfeffer aus der Mühle

Garnierung

2 Scheiben gewürfeltes Weißbrot

Vorküche

Die Kartoffeln unter fließendem Wasser gründlich waschen, schälen und in Würfel schneiden. Das Gemüse sorgfältig putzen, waschen und in kleine Stücke schneiden.

Zubereitung

Das klein geschnittene Gemüse mit den Mettwürstchen in die Fleischbrühe geben und bei mittlerer Hitze 30 Minuten köcheln lassen. Nach Ende der Garzeit die Würste herausnehmen, die Sahne einrühren und die Suppe mit einem Handmixer pürieren. Mit Salz und Pfeffer abschmecken, die Würste wieder in die Suppe geben und alles nochmals kurz erwärmen.

Servieren

Die Weißbrotwürfel in einer Pfanne kurz anrösten, die Suppe in eine Suppenterrine füllen und mit den Brotwürfeln garnieren. Noch heiß servieren.

Merkzettel

Kartoffeln enthalten wichtige Nährstoffe wie Eiweiß, Kohlenhydrate und Vitamin C.

Rindfleischsuppe

Für 4 Personen
Zubereitungszeit: 40 Minuten
Kochzeit: ca. 2½ Stunden

Einkaufsliste/Zutaten

1 kg Suppenfleisch
2 Stangen Porree
2 Möhren
½ Sellerieknolle
2 Lorbeerblätter
1 Nelke
1 Petersilienwurzel
5 Wacholderbeeren
10 Pfefferkörner
Salz
Weißer Pfeffer aus der Mühle

Garnierung

Petersilienblättchen

Vorküche

Das Suppenfleisch unter kaltem Wasser abwaschen. Das Gemüse putzen, evtl. schälen, waschen, den Porree in feine Ringe schneiden und den Rest fein würfeln.

Zubereitung

Das Suppenfleisch in 2 l kaltem Wasser zum Kochen bringen. Die Hälfte vom Gemüse mit den Lorbeerblättern, der Nelke, der geschälten und in Stücke geschnittenen Petersilienwurzel, den Wacholderbeeren und den Pfefferkörnern zufügen. Bei kleiner Flamme 2 Stunden köcheln lassen. Das Fleisch aus der Suppe nehmen und in kleine Würfel schneiden. Die Suppe durch ein Sieb gießen, die Brühe auffangen und das ausgekochte Gemüse entsorgen. Die Brühe wieder in den Topf füllen und das restliche Gemüse einfüllen. Mit Salz und Pfeffer abschmecken und das frische Gemüse 20–30 Minuten bei kleiner Flamme garen. Danach das klein geschnittene Suppenfleisch zum Erwärmen wieder in die Suppe geben.

Servieren

Die Suppe in eine vorgewärmte Suppenschüssel geben, mit der gehackten Petersilie garnieren und sofort servieren.

Merkzettel

Lorbeerblätter stammen von einem immergrünen Strauch, der nur in milden, südlichen Regionen gedeiht.

Straßburger Leberknödelsuppe

Für 4 Personen
Zubereitungszeit: 30 Minuten
Kochzeit: 20 Minuten

Einkaufsliste/Zutaten

1 Weizenbrötchen
250 ml Milch
Je 1 kleine und große Zwiebel
40 g Butter
250 g gehackte Rinderleber
1 Ei
1 El gehackte Petersilie
1 El Grieß
Salz
Weißer Pfeffer aus der Mühle
Frisch geriebene Muskatnuss
1½ l Fleischbrühe

Garnierung

3 El in Butter geröstete Weißbrotwürfel

Vorküche

Das Brötchen in der lauwarmen Milch 20 Minuten einweichen und anschließend gründlich ausdrücken. Die kleine Zwiebel schälen, sehr fein hacken und in etwas Butter anschwitzen. Die Leber, das Brötchen und das geschlagene Ei in der Butter anschwitzen, die Zwiebel, die Petersilie und den Grieß zugeben, salzen, pfeffern und mit Muskat abschmecken.

Zubereitung

Die Fleischbrühe erhitzen und mit zwei Teelöffeln aus der Lebermasse kleine Klößchen formen. Die Klößchen nacheinander in die siedende Brühe geben. Nach etwa 10 Minuten steigen die Klößchen an die Oberfläche und sind gar. Die große Zwiebel schälen, in Scheiben schneiden und in der restlichen Butter anbräunen. Die gebräunten Zwiebelscheiben ohne das Fett in die Suppe geben.

Servieren

Die Suppe mit den Leberknödeln in eine vorgewärmte Suppenterrine geben und mit den in Butter gerösteten Weißbrotwürfeln garnieren. Noch heiß servieren.

Merkzettel

Muskatnüsse halten sich dunkel und luftdicht verpackt bis zu zwei Jahre frisch.

Elsässer Kürbissuppe

Für 4 Personen
Zubereitungszeit: 30 Minuten
Kochzeit: 35 Minuten

Einkaufsliste/Zutaten

2 Schalotten
1 Knoblauchzehe
1 El Butter
250 g Kartoffeln
400 g Kürbisfleisch
100 ml Weißwein
750 ml Gemüsebrühe
Salz
Weißer Pfeffer aus der Mühle
Muskatnuss
Zucker
200 ml saure Sahne

Garnierung

Kürbiskernöl

Vorküche
Die Schalotten und den Knoblauch schälen und sehr fein hacken. Die Butter in einem Topf erhitzen und die Schalotten und den Knoblauch darin glasig anschwitzen.

Zubereitung
Die Kartoffeln waschen, schälen, würfeln und zu den Zwiebeln in den Topf geben. Das Kürbisfleisch ebenfalls würfeln und zu den Kartoffeln geben. Den Weißwein und die Gemüsebrühe hinzugeben und herzhaft mit Salz, Pfeffer und Muskatnuss würzen. Die Suppe etwa 30 Minuten köcheln lassen und mit Zucker abschmecken. Nach Ende der Garzeit die Kürbissuppe mit einem Handmixer pürieren und die Sahne unterarbeiten.

Servieren
Die Suppe in vorgewärmte Suppenteller verteilen und mit einem Schuss Kürbiskernöl garnieren. Als Beilage schmecken eine Scheibe geröstetes Baguette und ein Glas Weißwein.

Merkzettel
Verwenden Sie den orangefarbenen Hokkaido-Kürbis, eine Sorte aus Japan, so können Sie ihn mitsamt der Schale verarbeiten.

Grüne Spargelsuppe

Für 4 Personen
Zubereitungszeit: 15 Minuten
Kochzeit: 30 Minuten

Einkaufsliste/Zutaten

500 g grüner Spargel
Salz
50 g Butter
3 El Mehl
1 l Gemüsebrühe
200 ml Sahne
Weißer Pfeffer aus der Mühle
Muskatnuss

Garnierung

Spargelspitzen

Vorküche

Den Spargel am Fuß schälen und in Salzwasser in etwa 20 Minuten bissfest garen. Die Spargelspitzen abschneiden und zum Garnieren beiseite legen. Den restlichen Spargel in einer Küchenmaschine grob pürieren.

Zubereitung

Die Butter in einem ausreichend großen Topf zerlassen, das Mehl zufügen und so lange köcheln lassen, bis es Blasen wirft. Es darf jedoch nicht braun werden. Nach und nach die Gemüsebrühe angießen, bis eine sämige Suppe entsteht, und 10 Minuten köcheln lassen. Die Sahne halb fest schlagen und mit dem Spargelpüree unter die Suppe ziehen. Nun herzhaft salzen, pfeffern und mit Muskatnuss würzen.

Servieren

Die Suppe in vorgewärmte Suppentassen füllen und mit den Spargelspitzen garnieren.

Merkzettel

Spargel bleibt im Kühlschrank länger frisch, wenn Sie ihn in ein feuchtes Küchentuch einwickeln.

Kressesuppe

Für 4 Personen
Zubereitungszeit: 10 Minuten
Kochzeit: 15 Minuten

Einkaufsliste/Zutaten

2 Päckchen Kresse
1 El Butter
750 ml Fleischbrühe
250 ml Weißwein
100 ml Sahne
Salz
Weißer Pfeffer aus der Mühle

Garnierung

4 El geröstete Weißbrotwürfel

Vorküche

Die Kresse mit einer Schere vom Boden abschneiden, unter fließendem Wasser abspülen und abtropfen lassen.

Zubereitung

Die Butter in einen Topf geben und schmelzen lassen. Die Kresse dazugeben und kurz anbraten. Die Fleischbrühe zugeben und alles 5 Minuten köcheln lassen. Den Weißwein und die Sahne angießen und alles mit Salz und Pfeffer abschmecken.

Servieren

Die Suppe in vorgewärmte Suppentassen füllen, mit den gerösteten Weißbrotwürfeln garnieren und sofort servieren.

Merkzettel

Kresse hat einen scharfen, pfeffrigen Geschmack und ist reich an Vitamin C. Sie eignet sich auch gut als Zugabe zu herzhaften Wintersalaten.

Fleischgerichte

Steak mit Roquefortbirne

Für 4 Personen
Zubereitungszeit: 10 Minuten
Koch- & Bratzeit: 20 Minuten

Einkaufsliste/Zutaten

2 Birnen
125 ml Riesling
100 g Roquefort
1 El Butter
1 El Cognac
2 El steif geschlagene Sahne
1 El Öl
1 El Margarine
4 Rindersteaks
Salz
Schwarzer Pfeffer aus der Mühle

Garnierung

4 Birnenhälften

Vorküche

Die Birnen unter fließendem Wasser abwaschen, schälen, halbieren und die Kerngehäuse entfernen.

Zubereitung

250 ml Wasser mit dem Wein zum Kochen bringen und die Hitze reduzieren. Die Birnen darin 10–15 Minuten weich dünsten, aus dem Topf nehmen und abtropfen lassen. In der Zwischenzeit den Roquefort mit der Butter, dem Cognac und der steif geschlagenen Sahne verkneten. Die Steaks abwaschen, trockentupfen und von allen Sehnen und Häuten befreien. Das Öl und die Margarine in einer Pfanne erhitzen und die Steaks darin von beiden Seiten etwa 3 Minuten kräftig anbraten, sie sollten innen noch rosa sein.

Servieren

Die Birnenhälften mit der Roquefortcreme füllen. Die Steaks auf vorgewärmten Tellern anrichten, salzen und pfeffern und mit je 1 Birnenhälfte garnieren.

Merkzettel

Roquefort ist ein halb fester Blauschimmelkäse, der aus Schafsmilch produziert wird.

Lammragout

Für 4 Personen
Zubereitungszeit: 25 Minuten
Kochzeit: 2 Stunden

Einkaufsliste/Zutaten

1 kg Lammschulter
8 El Olivenöl
Salz
Schwarzer Pfeffer aus der Mühle
8 Schalotten
250 g Möhren
2 Kohlrabi
2 Knoblauchzehen
2 El Mehl
2 Lorbeerblätter
250 ml Edelzwicker
250 ml Fleischbrühe
300 g Kartoffeln

Garnierung

2 El gehackte Petersilie

Vorküche

Das Fleisch unter fließendem Wasser abwaschen, alle Sehnen und Häute entfernen und in mundgerechte Stücke schneiden.

Zubereitung

Das Olivenöl in einem Bräter erhitzen und das Fleisch von allen Seiten darin kräftig anbraten. Mit Salz und Pfeffer würzen. Die Schalotten, Möhren und Kohlrabi waschen, putzen, in Stücke schneiden und ebenfalls mit anbraten. Die Knoblauchzehen schälen, klein hacken und dazugeben. Alles mit Mehl bestäuben und die Lorbeerblätter zufügen. Den Wein und die Fleischbrühe angießen und bei mäßiger Temperatur 1½ Stunden köcheln lassen. Währenddessen die Kartoffeln schälen, waschen und würfeln. Nach Ende der Garzeit zu dem Fleisch geben und eine weitere halbe Stunde garen lassen.

Servieren

Das Ragout in eine vorgewärmte Schüssel geben, mit der gehackten Petersilie bestreuen und noch heiß zu Tisch bringen. Als Beilage schmeckt ein frisch aufgeschnittenes Baguette.

Merkzettel

Will man Möhren lagern, sollte man vorher das Grün entfernen, da es den Möhren die Feuchtigkeit entzieht.

Choucroute

Für 4 Personen
Zubereitungszeit: 35 Minuten
Garzeit: 3 Stunden

Einkaufsliste/Zutaten

2 kg frisches Sauerkraut
2 Speckschwarten
2 Möhren
2 Zwiebeln
½ Tl Pfefferkörner
½ Tl Kümmel
3 Knoblauchzehen
3 Gewürznelken
1 Tl Wacholderbeeren
3 Lorbeerblätter
1 Thymianzweig
1 Schweinshaxe
2 Scheiben durchwachsener, geräucherter Speck
½ Flasche trockener Riesling
4 Mettwürstchen
600 g Kasseler
4 Siedewürstchen

Garnierung

1 Bund Petersilie

Vorküche

Das Sauerkraut in ein Sieb geben und gründlich unter fließendem Wasser waschen, abtropfen lassen und zerzupfen. Den Boden eines Bräters mit den Speckschwarten auslegen und die Hälfte des Sauerkrauts darauf geben.

Zubereitung

Die Möhren und die Zwiebeln putzen, in Scheiben schneiden und auf dem Sauerkraut verteilen. Die Pfefferkörner darüber streuen. Die übrigen Gewürze in ein Leinensäckchen füllen und zu dem Kraut geben. Die Haxe abwaschen, trockentupfen, mit dem Speck auf das Krautbett legen und mit dem restlichen Sauerkraut bedecken. Den Wein und 250 ml Wasser angießen, den Topf verschließen, in den auf 180 °C vorgeheizten Backofen stellen und 2½ Stunden garen lassen. Nach Ende der Garzeit die Mettwürstchen und das Kasseler unter das Kraut heben und alles nochmals 20 Minuten garen lassen. Zum Ende die Siedewürstchen zugeben und weitere 10 Minuten ziehen lassen.

Servieren

Vor dem Servieren das Gewürzsäckchen entfernen, alles auf einer vorgewärmten Platte anrichten und mit Petersilie garnieren. Dazu passt ein Glas trockener Riesling oder ein frisches Bier.

Merkzettel

Sauerkraut ist sehr gesund, da es einen hohen Anteil an Mineralstoffen sowie Vitamin B und C enthält.

Kalbsfrikassee

Für 4 Personen
Zubereitungszeit: 30 Minuten
Kochzeit: 30 Minuten

Einkaufsliste/Zutaten

500 g Kalbsschulter
1 Zwiebel
2 Gewürznelken
2 Möhren
1 Stange Lauch
1 Stange Staudensellerie
Weißer Pfeffer aus der Mühle
50 g Butter
2 El Mehl
1 Eigelb
100 ml Sahne
Saft von 1 Zitrone
Salz

Garnierung

1 El gehackte Petersilie

Vorküche

Das Fleisch waschen, trockentupfen und in Würfel schneiden. Die Zwiebel schälen und mit den Nelken spicken. Das Gemüse putzen und klein würfeln. Das Fleisch zusammen mit dem Gemüse in kaltem Wasser aufsetzen, zum Kochen bringen und etwa 20 Minuten garen lassen.

Zubereitung

Nach Ende der Garzeit das Fleisch herausnehmen und gut abtropfen lassen, mit Pfeffer würzen und in einer vorgewärmten Schüssel warm halten. Die Brühe durch ein Sieb passieren. Die Butter zerlassen, das Mehl zugeben, unter Rühren die Brühe zugießen, kurz aufkochen lassen und weitere 10 Minuten leise köcheln lassen. Das Eigelb mit der Sahne vermischen und den Zitronensaft einrühren. Salzen und pfeffern und alles über das Fleisch geben.

Servieren

Das Frikassee mit Petersilie bestreuen und sofort zu Tisch bringen. Als Beilage passt eine Portion Reis.

Merkzettel

Zitronen geben mehr Saft, wenn man sie vor dem Pressen kurz mit heißem Wasser übergießt.

Geschnetzeltes Schweinefleisch

Für 4 Personen
Zubereitungszeit: 35 Minuten
Koch- & Bratzeit: 55 Minuten

Einkaufsliste/Zutaten

75 g geräucherter Speck
800 g in Streifen geschnittenes Schweinefleisch (Filet)
3 El Butter
3 Schalotten
2 Knoblauchzehen
40 g Mehl
250 ml Fleischbrühe
1 Lorbeerblatt
1 Nelke
Schwarzer Pfeffer aus der Mühle
3 Möhren
¼ Sellerieknolle
Salz
200 ml saure Sahne

Garnierung

1 El gehackte Petersilie

Vorküche

Den Speck würfeln und mit dem Fleisch in der Butter in einem Schmortopf anbraten. Das Fleisch herausnehmen und warm stellen.

Zubereitung

Die Schalotten und die Knoblauchzehen schälen und klein schneiden, in den Bratenfond geben und anschwitzen. Das Fleisch und den Speck wieder in den Schmortopf geben und mit Mehl bestäuben. Die Fleischbrühe zugießen, das Lorbeerblatt und die Nelke zugeben und mit Pfeffer würzen. Alles bei mäßiger Hitze 45 Minuten köcheln lassen. In der Zwischenzeit die Möhren und den Sellerie putzen und in feine Streifen schneiden. In kochendem Salzwasser kurz blanchieren, herausnehmen und abtropfen lassen. Das Fleisch herausnehmen und in eine vorgewärmte Schüssel geben. Die Sahne und das Gemüse in die Soße geben, gut vermischen, nochmals aufkochen lassen und über das Fleisch verteilen.

Servieren

Das Geschnetzelte mit Petersilie bestreuen und sofort servieren. Als Beilage passen Bandnudeln hervorragend dazu.

Merkzettel

Angeschnittene Sellerieknollen verfärben sich nicht, wenn man die Schnittfläche mit Zitronensaft beträufelt.

Schweinefilet mit Äpfeln

Für 4 Personen
Zubereitungszeit: 25 Minuten
Koch- & Bratzeit: 30 Minuten

Einkaufsliste/Zutaten

800 g Schweinefilet
2 Zwiebeln
8 Scheiben Frühstücksspeck
Salz
Weißer Pfeffer aus der Mühle
1 El Butter
200 ml Bier
1 El Kartoffelstärke
200 ml Schmand

Für die Äpfel

4 Äpfel
2 Salbeiblätter
2 El Zitronensaft
2 El Butter

Garnierung

Apfelspalten

Vorküche

Das Schweinefilet unter fließendem, kaltem Wasser gründlich abwaschen, trockentupfen und von allen Häuten und Sehnen befreien. Die Zwiebeln schälen und in feine Ringe schneiden. Das Filet in 8 gleichmäßige Scheiben schneiden, mit dem Frühstücksspeck umwickeln und mit Küchengarn fixieren. Die Filetscheiben auf beiden Seiten salzen und pfeffern.

Zubereitung

Die Butter in einer Pfanne zerlassen und darin die Fleischscheiben von beiden Seiten anbraten. Die Zwiebelringe zufügen und ebenfalls anbraten. Die Filetscheiben aus der Pfanne nehmen, in Alufolie einschlagen und im Backofen warm halten. Die in der Pfanne verbliebenen Zwiebelringe mit Bier aufgießen und einmal aufkochen lassen. Die Kartoffelstärke mit dem Schmand verrühren, in die Soße geben, abschmecken und warm halten. Die Äpfel schälen, halbieren, das Kerngehäuse entfernen und die Äpfel in Schnitze schneiden. Die Salbeiblätter in dünne Streifen schneiden und alles mit Zitronensaft beträufeln. In einer Pfanne die Butter erhitzen und die Apfelspalten mit dem Salbei darin anbraten, bis sie eine goldgelbe Farbe angenommen haben.

Servieren

Die Filetscheiben auf einer vorgewärmten Platte anrichten und auf jede Fleischscheibe einige geschmolzene Apfelspalten legen. Die Zwiebelsoße separat dazu reichen.

Merkzettel

Salbei stammt ursprünglich aus dem Mittelmeerraum und findet auch als Heilpflanze Verwendung.

Lammrücken mit Honig-Senf-Kruste

Für 4 Personen
Zubereitungszeit: 40 Minuten
Garzeit: 25 Minuten

Einkaufsliste/Zutaten

1 ganzer Lammrücken
3 El Honig
4 El süßer, grober Senf
200 g Toastbrot ohne Rinde
Salz
Schwarzer Pfeffer aus der Mühle

Garnierung

2 in Scheiben geschnittene Zitronen

Vorküche

Den Lammrücken unter fließendem Wasser abwaschen und sorgfältig abtrocknen. Den Rücken zwischen den einzelnen Koteletts einschneiden und die Rippenknochen freilegen. Mit der Fettseite nach oben auf ein mit Alufolie ausgelegtes Backblech legen.

Zubereitung

Den Honig mit dem Senf mischen und den Lammrücken damit bestreichen. Das entrindete Toastbrot in einer Küchenmaschine zerbröseln, mit Salz und Pfeffer vermischen und über den Lammrücken auf die Honig-Senf-Mischung streuen und gut andrücken. Den Lammrücken in den auf 230 °C vorgeheizten Backofen geben und 25 Minuten garen. Nach Ende der Garzeit den Backofen ausschalten und den Lammrücken noch etwa 10 Minuten ruhen lassen.

Servieren

Vor dem Servieren den Lammrücken in Koteletts schneiden, auf vorgewärmten Tellern anrichten und mit Zitronenscheiben garnieren.

Merkzettel

Eingetrockneter Senf wird unter Zugabe von Essig, Öl und etwas Zucker wieder verwertbar.

Süßsaure Nieren

Für 4 Personen
Zubereitungszeit: 25 Minuten
Koch- & Bratzeit: 20 Minuten

Einkaufsliste/Zutaten

4 Schweinenieren
Salz
5 El Weinessig
1 El Butterschmalz
2 geschälte und gewürfelte Zwiebeln
1 El Speisestärke
250 ml Gemüsebrühe
Weißer Pfeffer aus der Mühle
1 Prise Zucker
4 in Scheiben geschnittene Radieschen

Vorküche

Die Nieren längs aufschneiden, die weißen Teile gründlich entfernen und die Nieren in Streifen schneiden. In einem Topf Salzwasser mit 3 El Essig zum Kochen bringen, die Nieren darin einmal kurz aufkochen lassen, dann durch ein Sieb abgießen und sorgfältig trockenrütteln.

Zubereitung

Das Butterschmalz in einer Pfanne erhitzen, die Zwiebeln mit den Nieren darin scharf anbraten. Mit Speisestärke bestäuben, die Gemüsebrühe angießen und den restlichen Essig dazugeben. Alles kurz aufkochen lassen und mit Salz, Pfeffer und Zucker abschmecken.

Servieren

Die Nieren auf vorgewärmten Tellern anrichten, mit den Radieschenscheiben garnieren und ein sahniges Kartoffelpüree dazu reichen.

Merkzettel

Radieschen bleiben länger frisch, wenn man sie mit den Blättern nach unten in Wasser stellt.

Wild- & Geflügelgerichte

Ente mit Orangen

Für 4 Personen
Zubereitungszeit: 45 Minuten
Koch- & Bratzeit: 1 Stunde 50 Minuten

Einkaufsliste/Zutaten

1 Ente (ca. 2 kg)
1 Zwiebel
30 g Butter
1 Stange Sellerie
1 Möhre
1 Thymianzweig
Salz
Schwarzer Pfeffer aus der Mühle
100 ml Riesling
50 ml Marsala
Schale und Saft von 1 unbehandelten Orange
3 El Erdnussöl
30 ml Cointreau

Garnierung

Orangenfilets von 2 Orangen

Vorküche

Die küchenfertige Ente sorgfältig waschen, trockentupfen und Flügel und Hals abtrennen. Die Zwiebel schälen und klein hacken.

Zubereitung

Flügel und Hals zerkleinern und in Butter mit der gehackten Zwiebel dünsten. Den Sellerie und die Möhre putzen und mit dem Thymian, Salz und Pfeffer zu dem Entenklein geben. Den Weißwein, den Marsala und 200 ml Wasser angießen und etwa 45 Minuten köcheln lassen. Nach Ende der Garzeit die Brühe durch ein Sieb gießen und beiseite stellen. Die Orangenschale in dünne Streifen schneiden und in kochendem Wasser kurz blanchieren, abgießen und zur Seite stellen. In einem entsprechend großen Bräter das Öl erhitzen, die Ente von allen Seiten anbraten und das Fett abgießen. Die Ente salzen, pfeffern und mit der Brühe und dem Orangensaft begießen. Im geschlossenen Bräter bei mäßiger Hitze 1 Stunde schmoren lassen. Hin und wieder mit dem Bratensaft begießen. Am Ende der Garzeit die Orangenschale und den Cointreau zugeben und weitere 5 Minuten garen lassen.
Die Ente aus dem Bräter heben und warm stellen. Den Bratensaft reduzieren und die Hälfte der Orangenfilets zugeben und kurz ziehen lassen.

Servieren

Die Ente zerteilen und mit den restlichen Orangenfilets auf einer vorgewärmten Platte anrichten. Die Orangensoße darüber geben und die Ente sofort servieren. Als Beilage passen Kroketten und ein Glas Edelzwicker.

Merkzettel

Die Orangenfilets müssen sorgfältig aus den Kammern geschnitten werden und dürfen nur aus purem Fruchtfleisch bestehen.

Hasenragout

Für 4 Personen
Zubereitungszeit: 40 Minuten
Koch- & Bratzeit: 1 Stunde 40 Minuten

Einkaufsliste/Zutaten

1 Hase (ca. 1,5 kg)
30 g Butter
1 El Olivenöl
150 g geräucherter, grob gewürfelter Speck
2 El Mehl
500 ml Fleischbrühe
250 ml Riesling
2 Tomaten
2 Knoblauchzehen
250 g Waldpilze (Dose)
Salz
Schwarzer Pfeffer aus der Mühle

Garnierung

1 El gehackte Petersilie

Vorküche

Den küchenfertigen Hasen gründlich abwaschen, trockentupfen, von allen Sehnen und Häuten befreien und in sechs Stücke teilen.

Zubereitung

Die Butter mit dem Olivenöl erhitzen, den Speck darin auslassen und die Hasenteile darin kräftig anbraten. Die Fleischstücke mit Mehl bestäuben und die Fleischbrühe und den Wein angießen. Alles im geschlossenen Topf bei mäßiger Hitze etwa 1 Stunde garen lassen. Die Hasenteile und den Speck herausnehmen, abtropfen lassen und warm stellen. Den Bratenfond durch ein Sieb passieren und entfetten. Die Tomaten häuten und grob würfeln, die Knoblauchzehen schälen und zerdrücken. Die Pilze abgießen, abtropfen lassen und mit den Tomaten und dem Knoblauch hinzugeben und 20 Minuten garen lassen. Anschließend die Hasenteile und die Speckstücke wieder in die Soße geben, mit Salz und Pfeffer würzen und nochmals 20 Minuten ziehen lassen.

Servieren

Das Hasenragout in eine vorgewärmte Schüssel füllen, mit Petersilie bestreuen und sofort servieren. Als Beilage passen Kartoffelklöße und Rotkohl.

Merkzettel

Geschälte Knoblauchzehen lassen sich gut aufheben, wenn man sie in ein verschließbares Glas gibt und mit Olivenöl auffüllt.

Gefüllter Fasan

Für 4 Personen
Zubereitungszeit: 50 Minuten
Bratzeit: 1 Stunde

Einkaufsliste/Zutaten

1 Fasan
100 g fetter, in dünne Scheiben geschnittener Speck
200 g Rindfleischhack
Leber und Herz des Fasans
1 eingeweichtes und ausgedrücktes Brötchen vom Vortag
2 Eigelb
Weißer Pfeffer aus der Mühle
Salz
1 El gehackte Petersilie
4 El Butter
2 El Öl
1 El Speisestärke

Garnierung

4 Scheiben Ananas

Vorküche

Den Fasan waschen und innen und außen gut trockentupfen. Mit den Fingern zwischen Brustfleisch und Haut fahren, beides voneinander trennen und die Speckscheiben dazwischenschieben. Das Rindfleischhack in eine Schüssel geben, Fasanenleber und Herz klein schneiden und dazugeben. Das eingeweichte Brötchen zerrupfen, mit Eigelb, Pfeffer, Salz und Petersilie mischen und zweimal durch die feine Scheibe des Fleischwolfs drehen. Die Masse anschließend mit einem Holzlöffel so lange rühren, bis sie eine cremige Konsistenz angenommen hat. Die Füllung in den Fasanenbauch geben, mit Küchengarn zunähen und die Keulen fest am Körper fixieren.

Zubereitung

Die Butter in einem kleinen Topf schmelzen, mit dem Öl vermischen und den Fasan damit einpinseln. Den Fasan von außen pfeffern und salzen, in einen Bräter setzen und in dem auf 180 °C vorgeheizten Backofen 50–60 Minuten braten. Während dieser Zeit immer wieder mit dem Bratensaft und heißem Wasser begießen. Nach Ende der Garzeit den Fasan aus dem Bräter heben und warm stellen. Die Soße entfetten und mit der in Wasser aufgelösten Speisestärke binden.

Servieren

Den Fasan auf einer vorgewärmten Platte anrichten, mit den Ananasscheiben garnieren und die Soße separat dazu reichen.

Merkzettel

Junge Fasane haben kurze, stumpfe Sporen und sind in der Küche älteren Tieren vorzuziehen.

Rehrücken Elsässer Art

Für 4 Personen
Zubereitungszeit: 35 Minuten
Bratzeit: 40 Minuten

Einkaufsliste/Zutaten

2 Sternanis
2 Tl Koriander
2 Gewürznelken
1 kleine Zimtstange
2 Tl weiße Pfefferkörner
1 Rehrücken (ca. 900 g)
Salz
Öl

Garnierung

6 El Preiselbeerkompott

Vorküche

Sternanis, Koriander, Nelken, Zimt und Pfefferkörner in einem Mörser gründlich zerstoßen. Den Rehrücken unter fließendem Wasser sorgfältig abwaschen, trockentupfen und von allen Häuten und Sehnen befreien. Die Fleischseite des Rehrückens gut mit der vorbereiteten Gewürzmischung einreiben.

Zubereitung

Den Rehrücken salzen, in einem Bräter oder einer Pfanne im erhitzten Öl auf der Fleischseite anbraten, dann auf die Knochenseite legen. Den Rehrücken in den auf 180 °C vorgeheizten Backofen geben und etwa 40 Minuten braten. Anschließend aus dem Backofen nehmen, mit Alufolie abdecken und 10 Minuten im abgeschalteten Ofen ruhen lassen.

Servieren

Die beiden Rückenfilets vom Knochen lösen, in Medaillons schneiden, auf vorgewärmten Tellern anrichten und mit einem Klecks Preiselbeerkompott garnieren. Als Beilage schmecken Kartoffelklöße sehr gut dazu.

Merkzettel

Rehrücken ist eine ausgesprochene Delikatesse. Allein die wählerische Ernährung der Tiere sorgt für ein fettarmes und zartes Fleisch.

Gänsebraten

Für 4 Personen
Zubereitungszeit: 30 Minuten
Bratzeit: 2½ Stunden

Einkaufsliste/Zutaten

1 Gans (ca. 4 kg)
Salz
Weißer Pfeffer aus der Mühle
1 kg geschälte Äpfel ohne Kerngehäuse
1 Sträußchen Beifuß oder Majoran
1 El Speisestärke

Garnierung

4 Petersiliensträußchen

Vorküche

Die Gans kalt abwaschen, abtrocknen sowie innen und außen salzen und pfeffern. Die Äpfel mit Beifuß oder Majoran in das Innere der Gans stopfen und die Öffnung mit Küchengarn zunähen.

Zubereitung

Die Gans mit der Brust nach unten in die Bratpfanne des Backofens legen und mit 250 ml kochendem Wasser übergießen. In den auf 190 °C vorgeheizten Backofen stellen und 1 Stunde braten. Zwischendurch das Fett abschöpfen und immer wieder mit kochendem Wasser begießen. Nach Ende der Bratzeit die Gans wenden, die Temperatur auf 180 °C herunterschalten und die Gans weitere 1½ Stunden braten. In der letzten Viertelstunde vor Ende der Bratzeit die Gans nicht mehr mit heißem Wasser begießen, sondern die Brust mit kaltem Wasser bepinseln, damit die Haut schön knusprig wird. Die Gans auf einer vorgewärmten Platte anrichten und warm stellen. Die Soße entfetten und mit der in etwas Wasser aufgelösten Speisestärke binden. Die Soße abschmecken und gegebenenfalls mit Salz und Pfeffer würzen.

Servieren

Die Gans mit Petersiliensträußchen garnieren, auf der vorgewärmten Platte zu Tisch bringen und die Soße getrennt dazu reichen.

Merkzettel

Gänsebraten ist sehr fetthaltig und kalorienreich.
Zur besseren Bekömmlichkeit sollte man darum als Digestif einen Eau de Vie (Obstbrand) wählen.

Elsässer Wildschweinbraten

Für 4 Personen
Zubereitungszeit: 25 Minuten
Bratzeit: 1½ Stunden

Einkaufsliste/Zutaten

1 kg Wildschweinbraten aus der Keule
Salz
Schwarzer Pfeffer aus der Mühle
1 Tl Majoran
10 im Mörser zerdrückte Wacholderbeeren
125 g durchwachsener, in Scheiben geschnittener Speck
30 g Butter
1 Zwiebel
1 Möhre
1 Petersilienwurzel
125 ml Rotwein
250 ml Fleischbrühe
125 ml Sahne
20 g Speisestärke

Garnierung

2 geviertelte Tomaten

Vorküche

Das Fleisch unter fließendem, kaltem Wasser gründlich abwaschen, gut trockentupfen und von allen Häuten und Sehnen befreien. Mit Salz, Pfeffer, Majoran und den zerdrückten Wacholderbeeren kräftig einreiben. Den Braten mit den Speckscheiben belegen und mit Küchengarn fixieren. Die Zwiebel, die Möhre und die Petersilienwurzel putzen und in Stücke schneiden. In einem Bräter die Butter erhitzen und die Zwiebel-, Möhren- und Petersilienwurzelstücke darin andünsten.

Zubereitung

Das Fleisch dazulegen und kräftig anbraten. Den Wein und die Fleischbrühe angießen und bei mäßiger Hitze 1½ Stunden schmoren lassen. In der Zwischenzeit immer wieder mit der Flüssigkeit begießen. Nach Ende der Garzeit den Braten herausnehmen und warm stellen. Die Soße durch ein Sieb passieren, die Sahne mit der Speisestärke mischen und die Soße damit binden.

Servieren

Den Braten auf einer vorgewärmten Platte anrichten, in Scheiben schneiden und mit den Tomatenvierteln garnieren.

Merkzettel

Eingefrorenes Wildschweinfleisch lässt sich im Kühlschrank bis zu einem Jahr aufbewahren.

Kaninchen in Specksoße

Für 4 Personen
Zubereitungszeit: 30 Minuten (ohne Wartezeit)
Koch- und Bratzeit: 1 ¼ Stunden

Einkaufsliste/Zutaten

1 küchenfertiges Kaninchen (ca. 1,5 kg)

Für die Beize

500 ml Buttermilch
5 Wacholderbeeren
1 Tl Pfefferkörner
2 Lorbeerblätter

Für den Braten

Salz
Schwarzer Pfeffer aus der Mühle
200 g geräucherter Speck
2 El Öl
1 Zwiebel
200 ml Sahne

Vorküche

Das Kaninchen unter fließendem Wasser abwaschen, trockentupfen und in 6 Teile zerlegen (2 Keulen, 2 Läufe, 2 Rückenstücke). Die Kaninchenteile in eine Schale legen und die Buttermilch angießen. Die Wacholderbeeren und die Pfefferkörner in einem Mörser zerstoßen, die Lorbeerblätter zerdrücken, alles zu dem Fleisch geben und abgedeckt an einem kühlen Ort 24 Stunden marinieren lassen.

Zubereitung

Die Kaninchenteile aus der Marinade heben, grob mit einem Löffel die Gewürze abschaben und mit Salz und Pfeffer würzen. Die Marinade durch ein Sieb passieren und auffangen. Den Speck in Würfel schneiden und mit dem Öl in einem Bräter anbraten. Die Kaninchenteile mit der geputzten und gewürfelten Zwiebel darin kräftig anbraten. ¼ von der Marinade angießen und bei geschlossenem Deckel 1¼ Stunden schmoren lassen. Nach Ende der Garzeit die Kaninchenteile aus dem Bräter nehmen und warm stellen. Die Sahne in die Soße geben, kurz aufkochen und reduzieren lassen. Wenn die Soße eine cremige Konsistenz erhalten hat, die Kaninchenteile wieder in die Soße geben und kurz durchziehen lassen.

Servieren

Die Kaninchenteile mit der Specksoße in eine vorgewärmte Schüssel geben und als Beilage Salzkartoffeln reichen.

Merkzettel

Beim Kaninchenkauf sollten Sie wählerisch sein und möglichst ein Tier vom Bauern kaufen, das nicht aus einer Massenhaltung stammt. Außerdem sollte es mindestens 1,5 kg wiegen.

Wachteln in Weinblättern

Für 4 Personen
Zubereitungszeit: 25 Minuten
Garzeit: 30 Minuten

Einkaufsliste/Zutaten

4 küchenfertige Wachteln
Salz
Weißer Pfeffer aus der Mühle
8 Weinblätter
4 Scheiben geräucherter Speck
2 Schalotten
50 g Butter
1 Glas Edelzwicker
1 El Crème fraîche
Einige Weintrauben

Vorküche

Die Wachteln unter fließendem Wasser gründlich abwaschen und trockentupfen. Innen und außen salzen und pfeffern. Jede Wachtel mit 2 Weinblättern umhüllen und eine Scheibe Speck auf die Brust legen. Alles mit Küchengarn fest verschnüren.

Zubereitung

Die Wachteln mit den in grobe Stücke geschnittenen Schalotten in die Fettpfanne legen, die Butter zugeben und bei 180 °C im Backofen 20–30 Minuten garen. Hin und wieder mit dem Bratensaft begießen. Nach Ende der Garzeit die Wachteln herausnehmen, die Fäden entfernen und die Vögel warm stellen. Den Bratenfond mit dem Wein ablöschen, die Crème fraîche unterziehen und etwas reduzieren lassen.

Servieren

Die Wachteln auf einer vorgewärmten Platte anrichten, mit der Soße begießen und mit den Weintrauben garnieren.

Fischgerichte

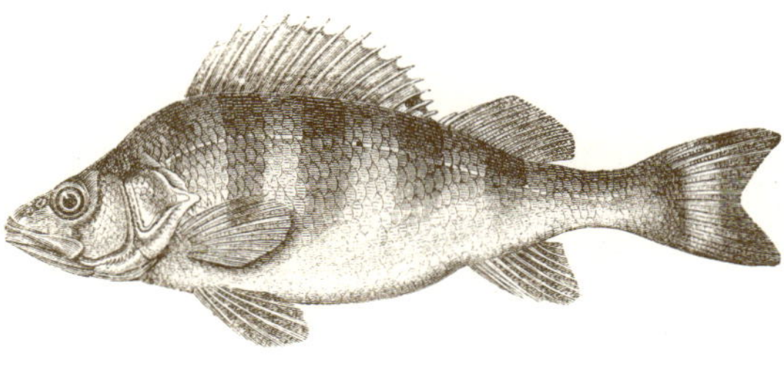

Lachs in Riesling

Für 4 Personen
Zubereitungszeit: 15 Minuten
Kochzeit: 20 Minuten

Einkaufsliste/Zutaten

1 fein gehackte Zwiebel
150 g Butter
4 Lachskoteletts (je 250 g)
Salz
Weißer Pfeffer aus der Mühle
125 ml Riesling
½ Bund Petersilie
1 Lorbeerblatt
1 geschälte Knoblauchzehe
2 El Mehl

Garnierung

1 geviertelte Zitrone

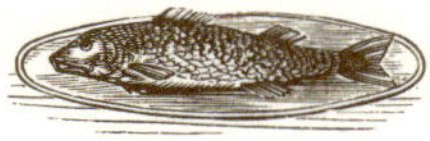

Vorküche

Die fein gehackte Zwiebel mit der Hälfte der Butter in einer Pfanne glasig anschwitzen.

Zubereitung

Die Lachskoteletts zugeben und mit Salz und Pfeffer würzen. So viel Wein angießen, dass der Fisch ganz bedeckt ist. Die Petersilie, das Lorbeerblatt und die Knoblauchzehe zugeben und alles bei geschlossenem Deckel 15–18 Minuten köcheln lassen. Den Fisch herausnehmen und warm stellen. Die Soße durch ein Sieb passieren und mit der restlichen mit Mehl verkneteten Butter binden. Die Soße reduzieren lassen.

Servieren

Die Lachskoteletts auf einer vorgewärmten Platte anrichten, die Soße darüber gießen und noch heiß servieren. Zur Garnierung mit einigen Zitronenvierteln umlegen.

Merkzettel

Im Handel angebotener Lachs stammt meist aus Zuchtbetrieben und hat einen Preisverfall erlebt. Schottischer Wildlachs hingegen ist immer noch eine teure Delikatesse.

Gratinierte Jakobsmuscheln

Für 4 Personen
Zubereitungszeit: 20 Minuten
Koch- & Backzeit: 20 Minuten

Einkaufsliste/Zutaten

8 Jakobsmuscheln
100 g Butter
2 klein gehackte Schalotten
100 ml Riesling
Salz
Weißer Pfeffer aus der Mühle
2 El Mehl
125 ml Fleischbrühe
125 ml saure Sahne
2 Eigelb
2 El geriebener Gouda
2 El Semmelbrösel
Butterflöckchen

Garnierung

2 El gehackte Petersilie

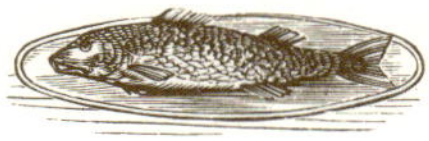

Vorküche

Die Muscheln sorgfältig abbürsten und kurz in den heißen Backofen legen, damit sie sich leichter öffnen lassen. Anschließend die Muscheln öffnen und das Muschelfleisch herauslösen. Die schwarzen Teile und die äußeren Häutchen entfernen und nur die roten Teile und die Nuss behalten.

Zubereitung

Das Muschelfleisch in Stücke schneiden. In der Hälfte der Butter die gehackten Schalotten andünsten, das Muschelfleisch zugeben, den Wein angießen, salzen und pfeffern. Aus der restlichen Butter und dem Mehl eine helle Mehlschwitze zubereiten und mit der Fleischbrühe und der Sahne aufgießen. Etwas einkochen lassen und das Eigelb und den Käse unterziehen. Die Muscheln in die Soße geben, auf die mit Butter bestrichenen Muschelhälften verteilen, mit Semmelbröseln überstreuen und mit Butterflöckchen besetzen. In den auf 200 °C vorgeheizten Backofen stellen und etwa 10 Minuten gratinieren lassen, bis das Ragout eine goldbraune Farbe angenommen hat.

Servieren

Die Muschelhälften auf Tellern anrichten, mit etwas gehackter Petersilie bestreuen und mit einem Glas frischen Weißwein servieren.

Merkzettel

Die Jakobsmuschel hat ihren Namen von den Pilgern, die den Jakobsweg beschritten und eine Hälfte der Muschel als Essgeschirr bei sich trugen.

Kabeljau in Safransoße

Für 4 Personen
Zubereitungszeit: 20 Minuten
Kochzeit: 15–20 Minuten

Einkaufsliste/Zutaten

1 kg Kabeljau
4 El Olivenöl
Salz
2 El fein gehackte Petersilie
2 fein gehackte Knoblauchzehen
½ Tl Safranpulver
1 Prise Mehl
2 El Zitronensaft
2 geviertelte Zitronen

Vorküche

Den Fisch waschen, abtrocknen und in dicke Scheiben schneiden. Öl, Salz, Petersilie, Knoblauch, Safran, Mehl und den Zitronensaft in einen großen Kochtopf geben, in dem die Fischscheiben genügend Platz haben. Unter Rühren bei schwacher Hitze 2–3 Minuten anschwitzen, die Fischscheiben zufügen und im Topf schwenken, damit die Gewürzmischung gut verteilt wird. Dann bei geschlossenem Deckel bei schwacher Hitze garen. Wenn die Oberseiten der Fischscheiben nach etwa 10 Minuten weiß geworden sind, die Scheiben wenden, 250 ml heißes Wasser angießen und alles noch einmal kurz aufkochen lassen.

Servieren

Die Fischscheiben auf einer vorgewärmten Platte anrichten, mit den Zitronenvierteln garnieren und Salzkartoffeln dazu reichen.

Merkzettel

Safran ist das teuerste Gewürz der Welt und wird aus den Blütennarben einer besonderen Krokussorte gewonnen.

Eingelegte Heringe

Für 4 Personen
Zubereitungszeit: 30 Minuten (ohne Wartezeit)

Einkaufsliste/Zutaten

6 Salzheringe, davon 3 Milchner
100 g Crème fraîche
500 ml Essig
1 Möhre
1 Zwiebel
1 Lorbeerblatt
2 Gewürznelken
1 Tl Pfefferkörner
1 El Öl

Vorküche

Die Heringe unter fließendem Wasser abwaschen und die Köpfe und Flossen entfernen. Die Fische in der Heringsmilch und 250 ml kaltem Wasser 24 Stunden entsalzen.

Zubereitung

Danach die Fische gut abtropfen lassen und in einen Steinguttopf legen. Die Heringsmilchner zerdrücken, mit Crème fraîche und dem mit einem Glas Wasser verdünnten Essig über die Fische geben. Die Möhre und die Zwiebel putzen, in Scheiben bzw. Ringe schneiden und mit dem Lorbeerblatt, den Gewürznelken und den Pfefferkörnern zu den Heringen geben. 1 El Öl darüber geben und vor dem Servieren mindestens 24 Stunden ziehen lassen.

Servieren

Die Heringe im Steinguttopf zu Tisch bringen und eine Portion Pellkartoffeln dazu reichen. Als Getränk passt ein Glas frisches Bier.

Merkzettel

Der Hering ist einer der wichtigsten Meeresfische. Er kommt in riesigen Schwärmen vor und hat einen Filetanteil von 40–55 %.

Aalragout mit Fenchel

Für 4 Personen
Zubereitungszeit: 25 Minuten
Koch- & Bratzeit: 20 Minuten

Einkaufsliste/Zutaten

800 g küchenfertiger Aal
80 g gewürfelter Speckwürfel
2 Schalotten
2 Fenchelknollen
2 Bund Dill
250 ml Riesling
500 ml Gemüsebrühe
1 El Senf
3 El Zitronensaft
1 Prise Zucker
Weißer Pfeffer aus der Mühle
Salz
200 ml saure Sahne

Garnierung

2 El gehacktes Fenchelgrün

Vorküche

Den Aal in 8 gleich große Stücke schneiden. Den gewürfelten Speck in einer Pfanne auslassen. Die Schalotten schälen, würfeln, in die Pfanne geben und glasig anschwitzen. Die Fenchelknollen halbieren, den harten Strunk entfernen und in feine Scheiben schneiden. Etwas von dem Fenchelgrün klein hacken und beiseite stellen.

Zubereitung

Die Fenchelscheiben mit in die Pfanne geben und andünsten. Den geputzten und gehackten Dill über den Pfanneninhalt streuen und unterrühren. Den Wein und die Gemüsebrühe angießen. Senf, Zitronensaft und Zucker zugeben. Mit Pfeffer und Salz abschmecken und die Aalstücke auf das Gemüse legen. Den Deckel auf die Pfanne legen und alles bei mittlerer Hitze 12–15 Minuten köcheln lassen. Kurz vor dem Servieren die saure Sahne unterziehen.

Servieren

Das Aalragout auf vorgewärmten Tellern anrichten, mit etwas Fenchelgrün garnieren und sofort servieren.

Merkzettel

Aalblut enthält giftige Substanzen, die jedoch beim Kochvorgang zerstört werden.

Karpfen auf Gemüsebett

Für 4 Personen
Zubereitungszeit: 25 Minuten
Kochzeit: 30 Minuten

Einkaufsliste/Zutaten

1 Stange Lauch
2 Möhren
100 g Sellerie
Salz
Weißer Pfeffer aus der Mühle
1 küchenfertiger Karpfen (ca. 1 kg)
2 Lorbeerblätter
1 Msp. gemahlener Pigment
100 g Butter

Garnierung

3 El gehackte glatte Petersilie

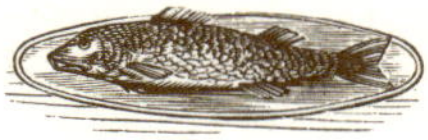

Vorküche

Den Lauch, die Möhren und den Sellerie waschen und putzen. Den Lauch in feine Ringe, die Möhren in kleine Stifte und den Sellerie in Würfel schneiden. Das Gemüse in einen Topf geben, knapp mit Wasser bedecken, salzen, pfeffern und 10 Minuten dünsten.

Zubereitung

Den Karpfen unter fließendem Wasser gründlich abwaschen, trockentupfen und in 4 Stücke schneiden. Die Fischstücke salzen, pfeffern und auf das Gemüse setzen. Die Lorbeerblätter zugeben und den Fisch bei geschlossenem Deckel je nach Größe etwa 20 Minuten garen.

Servieren

Die fertigen Fischstücke auf einer vorgewärmten Platte anrichten, mit der gehackten Petersilie bestreuen und mit dem Gemüse umlegen. Die Butter in einem Töpfchen schmelzen, aufrauschen lassen und über den Fisch und das Gemüse gießen. Dazu passen Salzkartoffeln und ein frischer grüner Salat.

Merkzettel

Karpfen ist ein Süßwasserfisch, der in Flüssen und Seen vorkommt. Im Handel angebotene Karpfen stammen jedoch meistens aus Zuchtbetrieben, wo sie bereits nach 2–3 Jahren schlachtreif sind.

Forelle mit Mandeln

Für 4 Personen
Zubereitungszeit: 15 Minuten
Koch- & Backzeit: 15 Minuten

Einkaufsliste/Zutaten

4 Regenbogen- oder Bachforellen
½ Tasse Milch
Salz
3 El Mehl
150 g Butter
50 g Mandelblättchen
1 geviertelte Zitrone

Vorküche

Die küchenfertigen Forellen unter fließendem Wasser abwaschen und sorgfältig trockentupfen. Die Milch leicht salzen und die Forellen zuerst in der Milch und dann im Mehl wenden. Überschüssiges Mehl abklopfen.

Zubereitung

Die Hälfte der Butter in einer Pfanne erhitzen und die Fische bei starker Hitze zunächst von beiden Seiten goldbraun und bei mäßiger Hitze fertig braten.
Die Fische sind je nach Größe in ca. 15 Minuten fertig gebraten. Die restliche Butter in einer separaten Pfanne zergehen lassen und die Mandeln darin hellbraun anrösten.

Servieren

Die Forellen auf vorgewärmten Tellern platzieren, mit der Mandelbutter übergießen und mit Zitronenvierteln garnieren.

Merkzettel

Frischen Fisch erkennt man an blutroten Kiemen, klaren Augen und einem frischen, angenehmen Geruch.

Desserts

Gugelhupf

Für 4 Personen
Zubereitungszeit: 30 Minuten (ohne Wartezeit)
Backzeit: 50 Minuten

Einkaufsliste/Zutaten

30 ml Kirschwasser
150 g Sultaninen
700 g Mehl
30 g Hefe
500 ml lauwarme Milch
10 g Salz
150 g Zucker
5 Eier
180 g weiche Butter
2 El Mandelblättchen

Garnierung

1 El Puderzucker

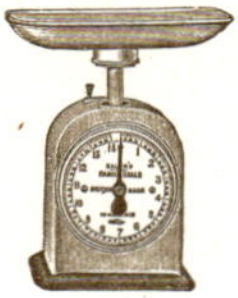

Vorküche

Das Kirschwasser über die Sultaninen geben und 2–3 Stunden ziehen lassen. Für den Vorteig 300 g Mehl in eine Schüssel sieben, eine Mulde in die Mitte drücken, die Hefe hineinbröseln, die Hälfte der lauwarmen Milch angießen und verrühren. Leicht kneten und anschließend 2 Stunden ruhen lassen. Dann die restliche Milch, Salz, Zucker und die Eier dazugeben, alles gut mischen und mindestens 10 Minuten lang kräftig schlagen. Der lockere, halb feste Teig muss sich leicht von der Schüssel lösen.

Zubereitung

Die Butter unterrühren und mit der Masse verkneten, bis ein glatter, geschmeidiger Teig entsteht. Nun die eingeweichten Rosinen zugeben und so lange einarbeiten, bis sie gleichmäßig im Teig verteilt sind. Zwei Napfformen sorgfältig ausbuttern und mit Mandelblättchen ausstreuen. Die Formen zur Hälfte mit dem Teig füllen und an einem zugfreien Ort gehen lassen. Den Backofen auf 200 °C vorheizen und den Gugelhupf je nach Größe der Form 40–50 Minuten backen.

Servieren

Wenn die Oberfläche goldbraun ist, die Kuchen aus dem Ofen nehmen und auf ein Küchengitter stürzen. Mit Puderzucker bestreuen und vor dem Servieren auskühlen lassen.

Merkzettel

Der Gugelhupf ist eine Elsässer Spezialität und darf auf keiner Kaffeetafel fehlen.

Brioche

Für 4 Personen
Zubereitungszeit: 20 Minuten (ohne Wartezeit)
Backzeit: 45 Minuten

Einkaufsliste/Zutaten

250 g Weizenmehl
10 g Hefe
200 g weiche Butter
3 Eier
1 El Zucker
1 Tl Salz
1 Ei zum Bestreichen

Garnierung

1 El Hagelzucker

Vorküche

Der Teig wird am Vorabend des Backtages angerührt. Das Mehl in eine Schüssel sieben, eine Mulde in das Mehl drücken und die zerbröckelte Hefe mit 3½ El lauwarmem Wasser und etwas Mehl zu einem Brei verrühren und gehen lassen.

Zubereitung

Die weiche Butter in kleinen Stücken dazugeben. Die verschlagenen Eier, den Zucker und das Salz zugeben und alles gründlich miteinander verrühren. Das Mehl langsam mit den Fingerspitzen darunter mischen. Aus dem Teig eine Kugel formen und zugedeckt an einem warmen Ort etwa 1 Stunde gehen lassen. Den Teig auf ein bemehltes Backblech legen und 2–3 Minuten kräftig schlagen. Wieder zu einer Kugel formen und zum Aufgehen in eine mit gefettetem Pergamentpapier ausgelegte, runde Kuchenform legen. Der Teig muss um das Doppelte seines Umfangs aufgehen, bevor er mit dem verquirlten Ei bestrichen werden kann. An der Oberfläche kreuzweise einschneiden. In den auf 220 °C vorgeheizten Backofen geben und 40–45 Minuten backen.

Servieren

Nach dem Ende der Garzeit die Brioche aus dem Backofen nehmen, aus der Kuchenform nehmen, mit Hagelzucker bestreuen und noch warm servieren.

Merkzettel

Die Brioche wird auch als »Kuchenbrot« bezeichnet und sollte unbedingt noch warm auf den Tisch des Hauses kommen.

Tarte Tatin

Für 4 Personen
Zubereitungszeit: 20 Minuten
Schmor- & Backzeit: 45 Minuten

Einkaufsliste/Zutaten

600 g säuerliche Äpfel
100 g Butter
100 g Zucker
1 Päckchen Vanillezucker
200 g Mürbeteig
1 El Hagelzucker

Vorküche

Die Äpfel schälen und in Scheiben schneiden. In einer flachen Kuchenform die Hälfte der Butter zerlassen, mit der Hälfte des Zuckers und dem Vanillezucker bestreuen.

Zubereitung

Die Äpfel einschichten und 15 Minuten auf dem Herd schmoren lassen. Den Mürbeteig zu einer dünnen Platte ausrollen, auf die Apfelfüllung legen und am Rand fest andrücken. In den auf 200 °C vorgeheizten Backofen geben und 30 Minuten backen. Die Tarte vorsichtig aus der Form stürzen. Die restliche Butter in Flöckchen auf den Äpfeln verteilen. Mit dem restlichen Zucker bestreuen und unter dem Grill karamellisieren lassen.

Servieren

Die Tarte Tatin noch warm zu Tisch bringen, in Portionsstücke schneiden und mit Hagelzucker bestreuen.

Merkzettel

Die Tarte Tatin wurde angeblich kreiert, als die Köchin des Hotels Tatin in Lamotte-Beuvron aus Versehen einen Apfelkuchen zu lange im Ofen ließ und ihn dadurch zu retten suchte, indem sie den Teig über die Äpfel verteilte und danach aus der Form stürzte.

Birnen in Rotwein

Für 4 Personen
Zubereitungszeit: 20 Minuten
Kochzeit: 40 Minuten

Einkaufsliste/Zutaten

4 reife Birnen
125 g Zucker
½ Flasche Rotwein
1 El Zitronensaft
Abgeriebene Schale von 1 unbehandelten Orange
Mark von ½ Vanillestange
1 Msp. Zimt
2 Gewürznelken
4 El Vanilleeis

Vorküche

Die Birnen waschen und dünn schälen, die Stiele belassen.

Zubereitung

Den Zucker mit dem Rotwein in einen Topf geben und erhitzen, bis sich der Zucker aufgelöst hat. Den Zitronensaft, die Orangenschale und die Gewürze hinzufügen. Die Birnen in den Rotwein setzen und zugedeckt bei schwacher Hitze 30 Minuten garen. Nach Ende der Garzeit die Birnen von der Kochstelle nehmen und auskühlen lassen.

Servieren

Die Birnen in Dessertschälchen setzen, die Soße durch ein Sieb gießen, die Birnen damit überziehen und mit einem Löffel Eis garnieren.

Merkzettel

Achten Sie beim Abreiben der Orange darauf, dass Sie nur die orangefarbene Schale verwenden – die darunter liegende weiße Haut schmeckt bitter.

Pflaumenkuchen

Für 4 Personen
Zubereitungszeit: 20 Minuten (ohne Wartezeit)
Backzeit: 30 Minuten

Einkaufsliste/Zutaten

250 ml lauwarme Milch
10 g Hefe
200 g Zucker
3 Eigelb
1 Tütchen Vanillezucker
150 g weiche Butter
500 g gesiebtes Weizenmehl
1 kg gewaschene, entkernte, halbierte Pflaumen

Garnierung

3 El Hagelzucker

Vorküche

Die lauwarme Milch in eine Schüssel füllen. Die Hefe hineinbröseln und mithilfe einer Gabel auflösen. Die Hälfte vom Zucker, das Eigelb und den Vanillezucker zufügen und alles gut vermischen.

Zubereitung

An einem warmen Ort abgedeckt 1 Stunde gehen lassen. Den restlichen Zucker mit der warmen Butter schaumig rühren. Den Vorteig dazugeben und nach und nach, unter kräftigem Rühren, das gesiebte Weizenmehl unterarbeiten. Ein Backblech mit Butter auspinseln und den Teig darauf verteilen. Die Pflaumen mit der aufgeschnittenen Seite nach oben auf dem Teig verteilen und etwas in ihn eindrücken. Das Backblech in den auf 200 °C vorgeheizten Backofen schieben und 25–30 Minuten auf der mittleren Einschubleiste backen. Nach Ende der Backzeit den Kuchen aus dem Ofen nehmen und auskühlen lassen.

Servieren

Den Kuchen vor dem Servieren großzügig mit dem Hagelzucker bestreuen, in Portionsstücke schneiden und auf einer Kuchenplatte anrichten. Wer mag, kann noch steif geschlagene süße Sahne dazu reichen.

Merkzettel

Pflaumen sind Steinfrüchte und reich an Mineralstoffen und den Vitaminen A, B, und C.

Soufflé mit Grand Marnier

Für 4 Personen
Zubereitungszeit: 20 Minuten
Koch- & Backzeit: 50 Minuten

Einkaufsliste/Zutaten

30 g Butter
30 g Mehl
125 ml Milch
60 g Zucker
5 Eigelb
1 Schnapsglas Grand Marnier
6 Eiweiß
Butter für die Form

Garnierung

2 El Puderzucker

Vorküche

Die Butter in einem Topf zergehen lassen und das Mehl einrühren. Die Milch angießen und unter Rühren mit einem Schneebesen kurz aufkochen lassen. Den Zucker zufügen und auflösen.

Zubereitung

Den Topf von der Kochstelle nehmen und nach und nach das Eigelb einrühren, den Grand Marnier zugeben und den steif geschlagenen Eischnee untermischen. Den so vorbereiteten Teig in eine ausgebutterte Form geben und in dem auf 200 °C vorgeheizten Backofen 45–50 Minuten backen.

Servieren

Das Soufflé aus dem Backofen nehmen, mit Puderzucker bestreuen und sofort servieren.

Merkzettel

Grand Marnier ist ein französischer Likör aus Cognac und Bitterorange und wurde 1880 von Alexandre Marnier-Lapostolle kreiert.

Mousse au Chocolat

Für 4 Personen
Zubereitungszeit: 25 Minuten (ohne Wartezeit)

Einkaufsliste/Zutaten

3 Eigelb
100 g Zucker
2 El Cognac
150 g Halbbitterschokolade
100 g Butterstückchen
3 El stark aufgebrühter Kaffee
3 Eiweiß

Garnierung

2 El Schokoladenstreusel

Vorküche

Das Eigelb mit dem Zucker in einem Mixer etwa 3 Minuten schaumig schlagen. Den Cognac zugeben und im warmen Wasserbad weiterschlagen, bis die Masse cremig geworden ist.

Zubereitung

Die Masse zur Abkühlung in ein kaltes Wasserbad geben und weiterschlagen. Anschließend die Schokolade hacken, in einen Topf geben und im Wasserbad unter ständigem Rühren schmelzen lassen. Nach und nach die Butterstücke unterrühren und zuletzt den Kaffee zugeben. Nun die Schokolade mit der abgekühlten Eigelbmasse vermischen. Wenn die Mousse völlig ausgekühlt ist, das Eiweiß zu sehr steifem Schnee schlagen und unter die Schokoladencreme heben. Die Mousse in Dessertschälchen füllen und etwa 2 Stunden in den Kühlschrank stellen.

Servieren

Vor dem Servieren die Mousse mit den Schokoladenstreuseln garnieren und zu Tisch bringen.

Merkzettel

Beim Schmelzen sollten Sie darauf achten, dass die Schokolade nicht zu warm wird. Sie wird sonst zu dick und lässt sich später nur sehr schwer vermischen.

Sahne-Bratäpfel

Für 4 Personen
Zubereitungszeit: 15 Minuten
Backzeit: 15 Minuten

Einkaufsliste/Zutaten

4 Boskop-Äpfel
4 Tl Butter
250 ml Sahne
1 Päckchen Vanillezucker

Garnierung

Vanillesahne

Vorküche

Die Äpfel waschen, abtrocknen, die Blüten und Stiele entfernen und das Kerngehäuse ausstechen.

Zubereitung

Ein Backblech mit etwas Butter einfetten. Die Äpfel auf das Blech stellen und die restliche Butter in Flöckchen auf die Ränder der Aushöhlungen verteilen. Den Backofen auf 220 °C vorheizen, die Äpfel hineingeben und etwa 15 Minuten backen. In der Zwischenzeit die Sahne mit dem Vanillezucker in einer Schüssel steif schlagen und in den Kühlschrank stellen.

Servieren

Die Bratäpfel aus dem Backofen nehmen. Auf vorgewärmte Teller verteilen und mit einem Klecks Vanillesahne garnieren. Sofort servieren.

Merkzettel

Boskop-Äpfel eignen sich mit ihrem feinherben, etwas mürben Fruchtfleisch besonders gut zur Zubereitung von Bratäpfeln.

Register